D1724237

Im Tal der Tiere

Text von Gisela Fischer
Bilder von Angela Mills

PESTALOZZI-VERLAG

ERLANGEN

Die Rettung der Amseln

Die Zwerge Bodo, Putz, Munter, Lustig und Kahli haben eine Tropfsteinhöhle erforscht. Auf einem unterirdischen Fluss sind sie schließlich wieder ans Tageslicht gekommen. Nun übernachten sie am Flussufer. Der Morgen dämmert gerade erst und bis auf Kahlis Schnarchen ist es noch ganz still.

Plötzlich jedoch beginnt eine Amsel so laut und schrill zu schreien, dass es den Zwergen durch Mark und Bein geht. Erschrocken fahren sie hoch.

„Was ist denn los?", murmelt Bodo und reibt sich die Augen. Aufgeregt berichtet die Amsel: „Ein starker Windstoß hat mein Nest vom Baum geworfen. Und meine Kinder, ach, meine Kinder ..."

Vor lauter Schluchzen kann sie gar nicht weitersprechen. „Ist ihnen etwas geschehen?", fragt Bodo. „Sind sie vielleicht verletzt?" – „O nein, verletzt nicht", erzählt die Amsel. „Aber zwei sind in den Zweigen hängen geblieben und eins ist auf die Erde gefallen. Ein Wunder, dass es noch lebt! Doch jetzt helft mir, bitte! Bitte, kommt mit!"

Sofort sind die Zwerge hellwach. Bodo und die Drillinge Putz, Munter und Lustig schlüpfen aus dem Schlafsack und springen auf. „Wartet auf mich!", ruft Kahli. „Ich kann nicht so schnell aus meinem Zelt heraus!" Eieiei, jetzt stößt er sich vor lauter Eile auch noch den Kopf an! Doch endlich hat er es geschafft und alle fünf folgen der Amselmutter.

Ach, wie ängstlich die Amselkinder auf dem Baum piepsen! Der Amselmutter kommen sofort wieder die Tränen. Bodo aber macht den Vöglein Mut: „Gleich holen wir euch herunter!" Kahli kümmert sich schon um das Amselkind, das auf die Erde gefallen ist. „Komm her, mein Kleines", murmelt er, „hier hab ich ein Nest für dich!" Und vorsichtig setzt er das Vöglein in seine Perücke.

„Hahaha!", lachen Bodo und die Drillinge. „Das ist wirklich eine gute Idee!" Ruck, zuck! klettern Putz und Munter nun auf den Baum hinauf. Vorsichtig, ganz vorsichtig reichen sie Lustig erst das eine und dann das andere Vogelkind. Lustig gibt sie Kahli. Und Kahli? Der setzt sie zu dem ersten Amselkind in die Perücke. „Wie lieb sie sich darin zusammenkuscheln!", freut sich Kahli. „Siehst du", sagt Bodo zur Amselmutter, „es wird schon alles wieder gut!"

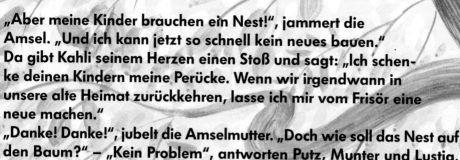

„Aber meine Kinder brauchen ein Nest!", jammert die Amsel. „Und ich kann jetzt so schnell kein neues bauen."
Da gibt Kahli seinem Herzen einen Stoß und sagt: „Ich schenke deinen Kindern meine Perücke. Wenn wir irgendwann in unsere alte Heimat zurückkehren, lasse ich mir vom Frisör eine neue machen."
„Danke! Danke!", jubelt die Amselmutter. „Doch wie soll das Nest auf den Baum?" – „Kein Problem", antworten Putz, Munter und Lustig. Wenig später ziehen sie das Perückennest auf den Baum hoch und binden es gut fest, damit es kein Windstoß hinunterwerfen kann.
„Bravo! Das habt ihr gut gemacht!" Die Zuschauer klatschen eifrig Beifall. Die Amselmutter zwitschert den Zwergen zum Dank ihr schönstes Lied. Und die Amselkinder piepsen fröhlich dazu.

Das Fußballspiel

Das Flusstal, in das die Zwerge Bodo, Putz, Munter, Lustig und Kahli gekommen sind, ist das Tal der Tiere. Im Nu hat sich die Amselrettung dort herumgesprochen. „Das muss gefeiert werden!", ruft ein Igel. „Bleibt ein paar Tage bei uns. Wir wollen ein Fest vorbereiten."

Es wird ein sehr fröhliches Fest. Und als es in vollem Gange ist, fragt Bodo: „Könnt ihr Tiere eigentlich Fußball spielen?" – „Ha, und wie!", antworten sie. „Prima, dann wollen wir Zwerge einmal gegen euch spielen!", schlagen Bodo und seine Freunde vor.

Und schon stellen sie ihre Mannschaft auf. Wer spielt bei den Tieren mit? „Ich! Ich!", rufen so viele, dass Bodo sagt: „So geht das nicht! Ihr müsst auslosen, wer mitspielen darf!"

Und wer will Schiedsrichter sein? Nur der Maulwurf meldet sich. „Na ja ...", meinen die Tiere. „Meinst du wirklich, du siehst dafür gut genug?" – „Natürlich!", ruft der Maulwurf. „Ich setze doch meine Brille auf!"

Jetzt kann das Spiel losgehen. Die Mannschaften laufen aufs Spielfeld und stellen sich auf. Der Maulwurf lässt die beiden Spielführer die Seitenwahl auslosen. „Ich habe Glück!", ruft Hase Schlenkerbein. „Ich darf die Seite wählen!"

Das Eichhörnchen stellt sich ins Tor der Tiere und der glatzköpfige Kahli in das Zwergentor. Der Anpfiff ertönt und das Spiel beginnt. Hei, wie alle über den Platz rennen! Putz holt sich den Ball. Geschickt spielt er ihn zu Munter. Der sucht Lustig, aber Lustig ist vom Igel gedeckt. Also spielt Munter zu Putz zurück. Da ! Flink springt die Maus dazwischen. „Ha, seht nur, wie sie Zwerg Putz austrickst!", freuen sich die Zuschauer und johlen und klatschen.

„Au, au!", jammert die Maus plötzlich. Zwerg Putz ist ihr auf den Schwanz getreten, um sie festzuhalten. Sofort pfeift der Schiedsrichter das Spiel ab und winkt die Sanitäter-Frösche herbei. „Zum Glück ist der Schwanz nur gequetscht", stellen sie fest und verbinden ihn. Schiedsrichter Maulwurf aber sagt: „Das war ein Foul! Darum Freistoß für die Tiere!" Hase Schlenkerbein schießt. „Tor!", jubeln die Tiere und schwenken begeistert ihre Wimpel.

Weiter geht das Spiel. Nun legen die Zwerge richtig los. Putz, Munter und Lustig stürmen auf das Tor der Tiere zu. Oh, das sieht gefährlich für Torwart Eichhorn aus! Munter will Putz den Ball zuspielen, da wird er von Hase Schlenkerbein hart angegangen. Doch Munter bleibt in Ballbesitz und der Schiedsrichter lässt Vorteil gelten.

Munter sieht, dass Putz völlig frei steht, und spielt ihm den Ball zu. Putz schießt, Torwart Eichhorn reckt sich und bekommt den Ball zu fassen. Aber er kann ihn nicht festhalten. Nachschuss von Putz und „Tor! Tor!", jubeln die Zwerge über den Ausgleichstreffer.

Als der Halbzeitpfiff ertönt, heißt es immer noch 1 : 1.

Zu Beginn der zweiten Halbzeit stehen die Tiere wieder dicht vor dem Zwergentor. Der Fuchs schießt. Tor? Nein, der Ball prallt von der Latte ab. Da schnellt der Igel hoch, köpft und – fffft! – entweicht die Luft aus dem Ball. Erst sind alle verdutzt und sprachlos. Doch dann lachen sie laut los. Nur der Igel nicht. Er hat Angst, dass die anderen jetzt furchtbar auf ihn schimpfen.

„So etwas kann vorkommen", tröstet Schiedsrichter Maulwurf den Igel und hebt vorsichtig den Ball von den Stacheln. Das Spiel ist aus, doch niemand ärgert sich darüber. Nein, alle halten sich den Bauch vor Lachen und rufen: „Los, Igel, jetzt lach doch endlich mit!"
Da merkt er, dass ihm niemand böse ist.

Wo steckt Kahli?

Nach dem Fußballspiel sitzen die Tiere und Zwerge noch lange zusammen. Sie sprechen über dieses und jenes und lachen zwischendurch immer wieder über den Kopfball des Igels.

„Na, wie war ich als Schiedsrichter?", will der Maulwurf wissen.

„Weltklasse!" versichern ihm alle. „Mit Brille siehst du wirklich prima."

Der Igel aber fragt: „Wer weiß, wie man einen Fußball repariert?"
„Wir!", rufen Putz, Munter und Lustig. Und schon setzen sie sich zu ihm, um zu helfen.
„He, Kahli!" piepst plötzlich jemand. Als Kahli sich umdreht, sieht er die Amselmutter hinter sich. Sie winkt mit dem Flügel und flüstert: „Komm mit! Aber heimlich!"

Kahli schleicht davon. „Wohin führst du mich?", fragt er neugierig. „Du wirst es schon sehen. Tu alles, was ich dir sage", zwitschert die Amsel. „Ich möchte mich bei dir für das Perückennest bedanken. Und weil heute eine ganz beson-dere Vollmondnacht ist, habe ich mir etwas ausgedacht."
Tief im Wald hält die Amsel endlich an. „Leg dich neben die schönen Blumen hier", bittet sie Kahli, „und dann schließ die Augen." Kahli tut es und spürt, wie ihm die Amselmutter etwas auf den Kopf stülpt. Und ehe er sich's versieht, ist er auch schon eingeschlafen.

Am nächsten Morgen wundern sich die Tiere und Zwerge. „Wo Kahli nur steckt? Gestern Abend war er plötzlich verschwunden. Und auch jetzt ist er nirgends zu sehen!"
Alle machen sich auf die Suche. Plötzlich ruft Lustig vom Baum herunter: „Ich sehe ihn! Dort hinten liegt er und schläft!" Da laufen die Tiere und Zwerge zu ihm. „Hallo, Kahli", rufen sie, „aufwachen!"

Kahli setzt sich verschlafen auf. „Nanu, wo bin ich denn?" fragt er verwundert. Doch keiner hört ihm zu. „Ah!" und „Oh!" und „Seht euch das an!", rufen die Zwerge und Tiere.

„Was denn?", fragt Kahli. Er versteht gar nichts.

„Haare! Kahli, du hast Haare!", ruft Munter. „Ich? Haare?" Da nimmt Bodo Kahli am Arm und führt ihn zum Fluss.

„Tatsächlich!", staunt Kahli. „Das also war der Dank der Amsel!"

Heimkehr ins Zwergendorf

Ein paar Tage bleiben Bodo, die Drillinge und Kahli noch im Tal der Tiere. Dann machen sie sich auf den Weg zu ihrem Dorf. „Das Boot und die restlichen Vorräte von unserer Höhlenforschung schenken wir euch", sagt Bodo.

„Schade, dass ihr schon geht!", meint der Igel und fängt zu weinen an. „Vielen Dank für alles", sagt Putz. „Es war sehr schön bei euch", fügt Munter hinzu. „Und wir hatten viel Spaß", meint Lustig.

Kahli aber umarmt die Amsel. „Wie gut, dass ich deinen Kindern meine Perücke gegeben habe ! Nun habe ich eigene Haare. Na, die andern im Dorf werden Augen machen!"

Und so ist es auch. Alle umringen Kahli und wollen seine neuen Haare anfassen. „Sie sind auf dem Heimweg sogar schon gewachsen", berichtet er stolz. „Du siehst ganz verändert aus!", rufen die Zwerge. Und die Drillinge kichern: „Jetzt passt der Name Kahli gar nicht mehr zu dir!"
„Das macht nichts!", sagt Kahli. „Ich will ihn trotzdem behalten."